학교야 놀자

발행일	2022년 9월 23일

지은이	최선희, 김정민		
펴낸이	손형국		
펴낸곳	(주)북랩		
편집인	선일영	편집	정두철, 배진용, 김현아, 장하영, 류휘석
디자인	이현수, 김민하, 안유경, 김영주	제작	박기성, 황동현, 구성우, 권태련
마케팅	김회란, 박진관		
출판등록	2004. 12. 1(제2012-000051호)		
주소	서울특별시 금천구 가산디지털 1로 168, 우림라이온스밸리 B동 B113~114호, C동 B101호		
홈페이지	www.book.co.kr		
전화번호	(02)2026-5777	팩스	(02)2026-5747

ISBN	979-11-6836-491-2 03370 (종이책)		979-11-6836-492-9 05370 (전자책)

(주)북랩 성공출판의 파트너
북랩 홈페이지와 패밀리 사이트에서 다양한 출판 솔루션을 만나 보세요!
홈페이지 book.co.kr • **블로그** blog.naver.com/essaybook • **출판문의** book@book.co.kr

작가 연락처 문의 ▸ ask.book.co.kr
작가 연락처는 개인정보이므로 북랩에서 알려드릴 수 없습니다.

더 나은 **학교생활**과 **일상생활**을 위한

학습코칭 과 **학습클리닉**

학교야 놀자

최선희, 김정민

오늘보다 내일, 학교생활이 더 행복해진다

북랩

저자의 말

　학생들의 학교생활이 행복하지 않은 이유는 다양하다. 학습 동기 결여, 읽기·쓰기의 부족, 주의력 결핍, 친구와의 의사소통 문제, 스마트폰 과의존, 게임중독 등… 학교생활을 하는 데 있어 다양한 요인들로 인해 스스로 불행한 학교생활을 한다는 틀에 갇혀 있는 경우가 많은 것이다.

　또한, 정서-행동적 요인이나 다문화 학생과 같이 문화와의 갈등으로 학교생활이 불행하거나 재미없는 경우도 있다.

　특히, 현시점에서는 이전과 다른 문제점들이 나타나고 있다. 코로나로 인해 몇 년 동안 정상적인 학교생활을 못함으로 인해 이전의 생활패턴이 무너지면서 학교에 가는 것이 더 힘들다고 호소하는 학생들이 많아지고 있는 현실이다.

　필자는 15년 이상 학습부진 아동·청소년 집단상담, 문제 행동 치료 등을 통해 학생들이 더 신나고 재미있게 생활할 수 있는 여러 가지 접근 방법을 연구하였다.

　스마트폰, 인터넷을 통한 동영상 강의로 대부분의 학생이 스마트폰을 갖게 되었다. 인터넷, 스마트폰 사용문화가 대중화가 되면서 정보 확산의 신속성, 광범위성, 비대면성, 익명성, 시간적-공간적 무제약성, 높은 접근성, 상호작용성이라는 편리성을 등에 업고 SNS, 게임, 온라인 도박, 웹툰, 유튜브 등 스마트폰 의존으로 변화하고 그 문제점들이 지금 사회의 문제이자 학교생활을 하는 데 있어 가장 큰 부작용으로 나타나고 있다.

　이 책은 아이들이 아침에 일어나서부터 잠들 때까지의 일상생활과 학교생활에서 일어나는 일들과 학교생활에 영향을 줄 수 있는 일들로 구성되어 있다.

　자기 조절력과 자기 통제력을 향상할 수 있도록 하기 위해 쉽게 접근할 수 있는 뇌 모양의 형태로 디자인하여 자신의 기분과 생각을 통찰하고 어떤 생각을 하면 학교생활이 더 재미나고 적극적일 수 있을지 직접 쓰기를 하면서 구체적인 근거가 제시될 수 있도록 연구하였다.

　이를 토대로 학습코칭, 학습클리닉, 꿈 키움 등 학생들에게 직접 표현하고 쓰도록 안내하면서 많은 학생들의 긍정적인 변화를 볼 수 있었다.

　끝으로 바쁜 학교생활 속에서 책의 감수에 적극적으로 임해 준 정민이와 다양한 학교생활의 의견을 조율해 준 경엽이에게 무한한 고마움을 전한다.

차례

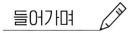
 학교란?

일반적으로 우리가 알고 있는 학교는 교육하는 하나의 사회제도이다.

'교육'이라는 단어의 뜻을 '사람에게 어떤 영향을 미쳐 어떤 변화를 일으키려는 노력'이라고 본다면 학교의 내용은 매우 넓어진다. 그러나 '교육'의 의미를 더 좁게 보아, '일정한 사람에게 특정한 영향을 미쳐 특정한 변화를 일으키려는 의식적 · 자각적 노력'이라고 본다면 '학교'의 개념도 더 분명해진다.

학교는 아이가 가정에서 기본적인 생활 습관이나 배경지식을 습득한 상태로 입학한 뒤, 일정한 지식, 질서, 목적, 설비, 제도 및 법규에 따라 교사가 계속해서 학생들에게 교육을 실시하며 안내한다.

하지만 초등학생들을 만나서 교육하다 보면 현대에 점차 변하고 있는 가정교육의 양상, 그리고 그것과 별개로 학생에게 발생하는 여러 문제점을 발견할 수 있다. 그 문제점들을 통해 일부 학생들이 기본적인 가정교육이 잘 안된 상태에서 입학하고 있다는 결론을 도출해 낼 수 있다.

가정교육 이후, 가정교육의 계획적 · 조직적 · 계속적 교육을 위하여 일정한 시설과 설비를 갖추고 교육하는 사회의 제도적 단위를 학교라고 할 수 있다.

현대의 문화에서 우리 자녀들의 문화는 가정에서 어린이집, 유치원, 초등학교, 중학교, 고등학교, 대학교 등으로 입학하게 된다.

우리는 지금의 문화에서 아이들이 초등학교 입학 전에 긴 시간 동안 보육시설에서 대부분의 시간을 보내고 있다는 부분을 한 번쯤은 고민해보아야 한다.

아이들은 가정교육에 있어서 사랑, 칭찬, 자율성, 상호작용 등이 잘 이루어진다면 행복한 사람으로 성장할 수 있다. 하지만 현대에는 과열된 과외, 과잉 간섭, 과잉보호,

무관심 등으로 학교생활에서 많은 문제가 발생하고 있다. 필자는 자녀들에게 인격적인 존중과 사랑, 이해, 공감 등으로 균형 있는 가정교육을 한다면 학교생활이 더 행복할 것이라는 믿음을 가지고 있다.

부모는 '자녀, 그리고 자녀의 친구들이 학교생활을 조금 더 행복하게 지내기 위해서 학교에서 어떻게 생활하면 행복하게 지낼 수 있을까?' 하고 고민해볼 필요가 있다.

일부 필자가 만나는 학생들 대부분은 부모의 방임, 폭력, 부재, 부부싸움, 과잉보호로 인해 가정과 학교에서 스스로 선택하지 못하는 상태이곤 하다. 그들은 부모님의 관심과 사랑, 대화가 결핍된 '상처받은 내면 아이'를 가지고 있었다.

아이들은 일반적으로 초등학교에 입학하기 전, 가정에서 부모 또는 주 양육자에게 생활 속에서 필요한 기본적인 것을 의식적 혹은 무의식적으로 교육을 받는다.

이 교재는 우리 학생들이 더 행복한 학교생활을 할 수 있도록 하기 위해 조금 더 쉽고 조금 더 재미있게 만들어 보았다.

 # 행복한 학교란?

학생들이 재미있게 배울 수 있는 학교가 행복한 학교다.

선생님은 학생과 친구들이 함께 친밀감과 공감을 형성하도록 긍정적으로 피드백하고, 학교 측에서는 학생들에게 다양한 프로그램들을 안내한다면 학생들이 학교라는 공간에서 행복감을 느낄 수 있다. 또, 환경적인 요인뿐만 아니라 먼저 우리 학생들이 행복한 학교생활을 하기 위해서는 각자 가지고 있는 개인의 생각이 가장 중요하다. 자신이 학교생활을 행복하게 하기 위해 어떤 생각을 하고 있으며 자신이 하는 불편한 생각들을 어떻게 변화시키면 학교생활을 행복하게 할 수 있는 것인가 하는 것이 가장 중요한 부분이라고 할 수 있다.

필자가 만난 학생 중 공부를 포기한 이들이 많았다. '학교 부적응 학생' 혹은 '학습 부진 학생'이라고 불렸던 이들이었는데, 이들은 학습을 외면하는듯한 언행을 하지만 학교생활과 공부를 누구보다 잘하고자 하는 욕구가 강하다. 학교 부적응 학생과 학습 부진 학생들은 학습에 대한 접근 방법이나 성적에 대한 스트레스가 많으나 그들이 그것을 직접 해결하기보다 회피하거나 문제 행동들을 보이며 더 부정적인 학생으로 변한다.

학습에 있어 무엇보다 중요한 것은 듣기, 말하기, 읽기, 쓰기다. 4가지 영역의 균형이 잘 잡혀 있다면 공부에 있어 어려운 점이 없다. 필수인 듣기, 말하기, 읽기, 쓰기가 잘 된 후 자기주도 학습을 요구하는 것이 더 현명하다고 말하고 싶다.

필자가 만나는 많은 학부모는 "우리 아이는 주도학습이 잘 안되어서 자기 스스로 공부하지 않아요. 게임, 유튜브, SNS만 해요. 부모가 공부를 잘할 수 있는 환경을 만들어 주는데 왜 공부만 안 할까요? 왜 안 했으면 하는 것만 하는지 모르겠어요."라고 말한다.

물질적으로는 풍족한 생활을 하고 있다고 볼 수 있지만, 정서적인 부분과 소통 등의 부분에서 학생들이 자라나기에 정말 좋은 환경인지에 대해 고민해보아야 할 필요가 있다.

학생들이 학교생활을 행복하게 하기 위해서는 먼저 학습동기부여가 되어야 한다.

학습동기는 동기의 일종으로, 특정한 과제를 학습하려는 추진력을 의미하고 있으며 학생이 학습동인을 가지고 일정한 학습활동을 단계별로 전개하는 것이다.

학습동기는 내적·외적 조건에 의해서 유발되기도 하지만 일반적으로 보상 등에 의한 외적 동기유발보다는 긍정적 자아효능감의 형성과 같은 내적동기 유발이 중요하다.

학습목표를 개인의 목표와 결부시켜 분명한 목표 의식을 갖게 하고, 적성, 흥미에 맞는 과제의 제시와 적절한 보상, 경쟁심의 적용, 피드백 등을 활용하는 학습에 작용하는 동기이다.

동기 수준이 높다고 해서 반드시 학습의 성과가 높은 것은 아니며, 자극 장면이 바

뀌거나 불안과 같은 정서적 동기가 원인이 되어 학습 성과나 수행 수준이 낮아지기도 한다.

켈러(Keller, J. M.)는 동기의 구성요소를 주의(Attention), 관련성(Relevance), 자신감(Confidence), 만족감(Satisfaction)의 4가지 범주로 분석하였다. 각 요인의 영문 머리글자를 따서 'ARCS 동기 모형'이라고 한다.

주의(attention)는 학습자의 흥미 수준, 관련성(relevance)은 개인적 욕구의 충족도, 자신감(confidence)은 지각된 성공 가능성, 만족감(satisfaction)은 성공에 대한 내적 동기의 유발이다.

ARCS 모형을 활용한 수업 설계에서 개발된 수업은 대체로 전통적인 수업에 비하여 학습 몰입도 및 성취도에서 효과가 높은 것으로 입증되고 있다.

교수-학습 변인, 학습동기화설계모형(ARCS)을 살펴보면 다음과 같다.

1. 주의(Attention)

동기화 목표는 호기심과 흥미를 유발하고 유지하는 것이다.

지각적 주의 환기는 시청각 매체를 제시하여 학생의 관심을 끄는데 외적인 동기화와 관련이 있다. 탐구적 주의 환기는 비일상적인 내용이나 사건을 통해 탐구심을 자극하여 학습에 대한 기대감을 유발하는데 내재적 동기화와 관련이 있다. 여기에 다양한 교육방법으로 접근하고자 한다면 강의법이나 토의법 등 다양한 수업 방법을 혼합하여 수업방식에 변화를 준다. 오감을 자극하는 시각, 청각, 촉각, 온도감, 미각 등의 다양성을 매 수업 시간 활용한다면 효과적일 수 있지만, 매 수업시간 오감을 자극하기에는 학습을 안내하는 방법으로는 현실적으로 힘든 부분이 많다.

2. 관련성(Relevance)

동기화 목표는 수업을 학습자의 요구와 과제 가치에 관련하여 목표 지향성 학습자에게 의미와 가치가 있는 학습과제, 목표, 활동 등을 제시하는 방법이다.

학습동기나 특성의 부합은 학습자의 관심사에 적합한 학습환경을 제시한다.

예를 들면 학생들의 경험과 친밀한 인물이나 사건을 제시하는 방법이다.

3. 자신감(Confidence)

동기화 목표는 성공에 대한 자신감과 긍정적인 기대를 하도록 안내하는 방법이다.

학습의 필요 조건 제시하는 방법으로 선행지식이나 기술, 태도 등을 진술해준다. 학생들의 성공 기회를 제시하는 방법으로 쉬운 내용에서 어려운 내용으로 과제를 제시하는 방법은 개인적 통제감을 제시하는 것으로 하나의 과제에서 다음 과제로 넘어가는 데 있어서 자율성을 부여한다. 다양한 난이도의 과제를 제시하고 학습 속도, 상황의 복잡성 등을 스스로 조절하도록 한다. 그렇게 진행된다면 학생들은 자기 결정성을 갖게 된다.

4. 만족감(Satisfaction)

동기화 목표는 보상을 통한 성취 강화로 만족감을 느끼게 한다.

학생들에게 내재적 강화를 위해서 내적 만족도를 느낄 수 있도록 연습문제를 제시하는 방법이다.

외적보상은 긍정적인 피드백이나 적절한 보상을 제공하는 방법이다.

수업 설계가 모든 학생에게 충족될 수 있다면 좋지만 그렇지 못하는 경우가 많다.

필자는 자기 결정권에 대한 이론을 한 번 더 언급하고자 한다.

자기 결정성과 관련된 동기는 무동기, 외적조절동기, 내사된 조절동기, 확인된 조절동기, 통합된 조절동기, 내재동기로 그 수가 많으나 우리 학생들에게 무엇보다 중요한 동기는 내재동기이다.

무동기는 어떤 일이나 행동을 일으키게 하는 동기가 없을 때를 말한다.

외적조절동기는 상이나 벌을 이용하거나 성공 혹은 실패 체험이나 평가의 이용, 경쟁이나 협동심을 이용 등이 있지만 학습 이외에 주의나 흥미를 통한 동기에 의지하는 행동이다.

조절동기는 해야만 한다는 생각, 죄책감을 느끼기 싫어서 부모님을 기쁘게 하기 위해서 행동하는 것이다.

통합된 조절동기는 자율적인 형태로 개인이 자신에게 완전히 동화되어 선택된 조절에 의해 행위를 하지만 여전히 행위 자체의 고유한 속성 때문에 행동하는 것은 아니다.

내재동기는 순전히 내적인 조절의 결과로 나타내는 유형으로 과제 자체에 대한 관심과 만족감 때문에 행동하는 동기이다. 내재 동기가 잘 된 학생들은 자율성과 자기결정성 또한 높아 학습에 대한 만족도가 높고 학교생활이 행복하다고 느낀다.

이 책은 학교생활과 학교생활에 영향을 미치는 그림으로 구성되어 있다.

교재에 제시된 그림을 보고, 학생들이 자신의 이름을 쓴 후, 주제를 읽고 그림에 자기 생각을 기록하는 방법으로 사용되는데, 실제 학습클리닉에서 사용했을 때 높은 만족도를 보였다. 특히 학교 선생님, 상담사, 학부모는 모두 휴대전화기를 사용할 때 어떤 생각을 하는지 묻는 그림을 선호하는데, 그 그림을 통하여 많은 시간을 휴대전화와 보내는 대부분의 학생이 그것을 사용하고 있을 때 어떠한 생각을 하는지 알아낼 수 있기 때문이라는 이야기를 많이 들을 수 있었다.

이 책은 동일한 주제이지만 다양한 상황에서의 여러 생각들을 표현하도록 하였다. 한 예로 '분노할 때'라는 주제가 주어지면 학교에서 분노를 할 수 있지만 집, 학원, 그외 분노할 때를 생각하면서 이러한 상황에서 한가지 주제로 내용을 작성하게 하였다.

감정이라는 큰 주제가 정해졌을 때 세부적으로 어떠한 상황인지, 어떠한 말과 행동에 그런 감정을 느끼는지 따위를 정하는 것은 학생들이 스스로 택하는 것이 가장 좋다. 하지만 선생님이나 부모님이 학생들의 생각이 궁금하다면 주제에 변화를 주는 것 또한 방법이다. 엄마에게 분노할 때, 동생에게 분노할 때, 친구에게 분노할 때, 자신에게 분노할 때 등으로 세부적인 요인들을 설정해 주는 방법들이 있다.

학생들은 모두 행복한 삶을 살고 싶어 한다. 단지 그들은 어떤 선택을 해야 할지, 더 현명한 선택을 하려면 어떻게 해야 할지 고민하는 중이라고 볼 수 있다. 각자의 속도로 자신의 꿈과 행복을 찾아가지만, 학습 부진 학생들은 단지 그것들을 어떻게 해야 할지 몰라 잠시 멈춘 상태라고 생각한다. 필자는 학생들 개개인이 생각하고 있는 것이 잘못됐다는 것이 아니라, 그들의 생각에 어떤 변화를 준다면 행복하게 성장할지에 대해 고민을 해 왔다. 그 고민을 풀 수 있는 방법을 연구하던 중 어렵지 않고 재미있으며 편안하게 자기 생각을 정리할 수 있도록 안내하는 방법들을 제시하였다.

책 속의 그림들을 본 다수의 학생은 지금까지의 쓰기칸이 많고 긴 설문지와는 다르게 구성된 모습에 충분히 글을 쓸 수 있겠다는 자신감이 생겨 자기 생각을 글로 옮겨 쓸 수 있게 되었으며, 머릿속에만 있던 생각을 시각적으로 볼 수 있게 되자 그 생각들을 발전시켜 어떻게 하면 더 즐겁고 행복한 학교생활을 할 수 있을까 고민하는 모습들을 볼 수 있었다.

대부분의 학습 부진 학생이나 문제행동 학생들은 자신이 부모님이나 선생님들에게 포기됐다며 사랑받고자 하는 모습을 보이지 않는다고 생각되지만, 실상은 그렇지 않았다. 사랑받고자 하고 행복하고자 하며 꿈을 이루고자 하는 욕구가 많다. 단지 방법을 몰라서, 표현하지 못해서 포기한 것처럼 보일 뿐이라는 것이다.

우리 주변의 많은 아이는 힘든 환경적인 요인 또는 부모님의 정서적인 폭력, 언어적인 폭력, 방임, 부재중인 부모들로 인해 방황하는 경우가 많다. 모두 자기 행복을 찾고자 하는 욕구는 있으나 무동기화된 습관으로 인해 멍한 상태의 모습들을 보이고는 한다. 필자는 그런 학생들을 수없이 많이 만나며 이 책에 담은 내용들을 활용했다. 학생들은 필자가 만든 그림들에 대한 적극성을 보였으며 긍정적인 사고와 행동을 하기 위해 노력하는 모습을 보였다. 자신이 어떤 생각을 하고 있는지 인지하고, 더 행복해지려면 어떤 변화를 주어야 할지 구체화하기도 했다.

조금 늦어 보여도 안내자의 칭찬과 관심, 경청으로 우리 학생들은 많은 변화가 생길 수 있다는 점을 꼭 잊지 않았으면 한다.

이 책의 활용 방법 ✏️

1. 그림을 전체적으로 보도록 한 후 어떤 그림에 표현하고 싶은지를 학생들에게 선택하게 하는 방법이 가장 좋다. 하나씩 제시하는 방법 또한 추천한다.

2. 밑줄이 된 부분에 자신의 이름을 쓰도록 한다. 자신의 이름을 쓰는 것은 자신의 소중함을 한 번 더 인지시키는 방법으로, 책임감에 대한 것을 자연스럽게 배울 수 있다.

3. 그림 속 빈칸에 자신이 느끼는 생각이나 감정들을 글로 표현하도록 한다.

   - 유아 또는 내담자 중 글자를 잘 모르는 대상자에게는 문자가 아닌 말로 피드백해도 좋으나 그 과정에서 제시하는 사람의 생각이나 감정을 대상자가 말하도록 유도하면 안 된다.

4. 선택한 그림 외 다른 매체를 활용하는 방법도 있으니 안내자가 탄력성 있게 안내하기를 바란다. 표현이 다 되었다는 대상자의 의견을 들으면 색칠을 안내하도록 한다.

   - 빈칸에 글자를 다 쓴 후 색칠하거나 더 쓰고 싶은 말을 써도 된다는 것을 미리 설명하는 방법도 있다. (색연필, 크레파스, 네임펜 등을 활용)

5. 완성된 작품을 학생들이 한 번 더 읽도록 안내한다. 자기 생각이나 행동을 어떻게 수정하면 더 행복해질 수 있을지 이야기를 나누거나 글로 쓰는 방법도 있다.

6. 이야기 나누기를 할 때 안내자의 감정이나 생각들은 배제하도록 한다.

7. 피드백 후 작품을 어떻게 할지 대상자에게 꼭 질문한다.

※ 자기 생각을 솔직하게 쓴 후 어떤 생각을 하면 좋을지에 대해 피드백을 하는 것이 중요하다. 학생들이 쓴 글에 대한 부정적인 피드백은 절대 하면 안 된다.

※ 자신이 생각하는 부분에 있어 모든 것을 수정할 필요성은 없다. 자신이 지킬 수 있는 것 하나부터가 시작이다.

예제 그림

생각표현
그림

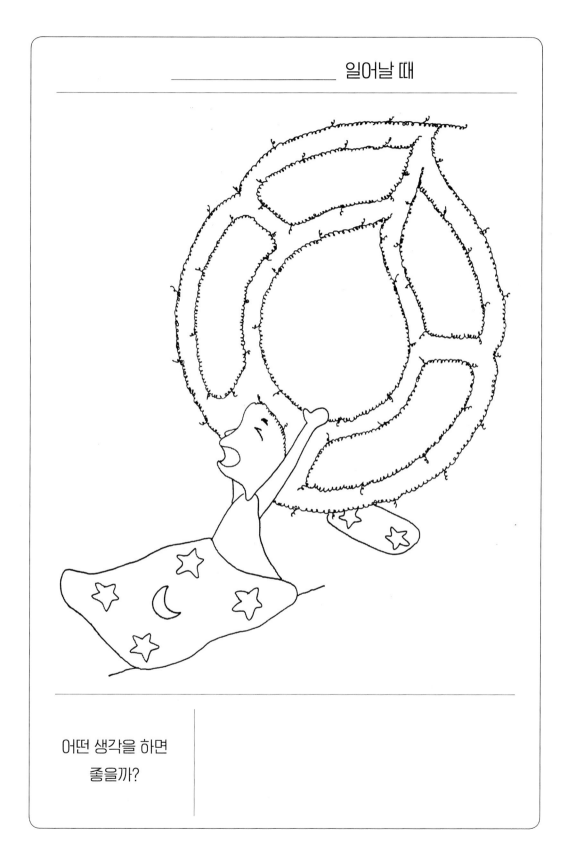

어떤 생각을 하면
좋을까?

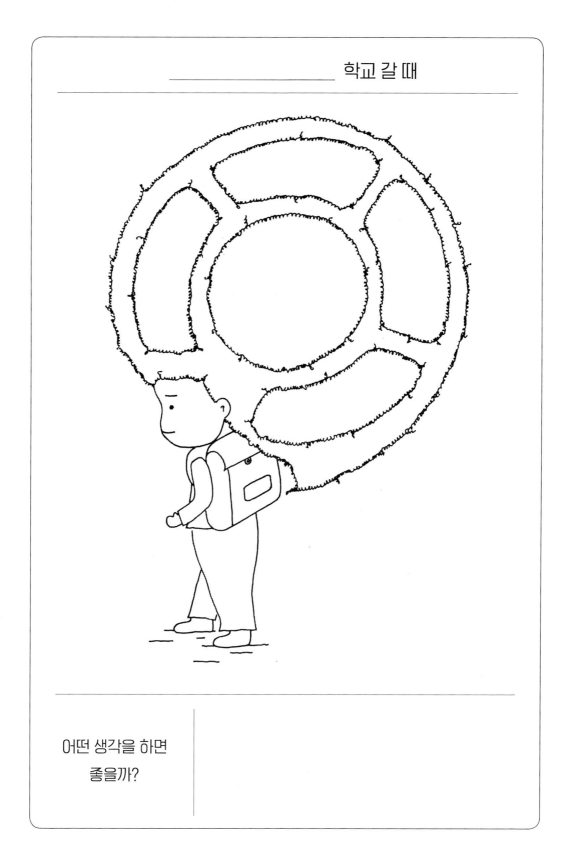

학교 갈 때

어떤 생각을 하면
좋을까?

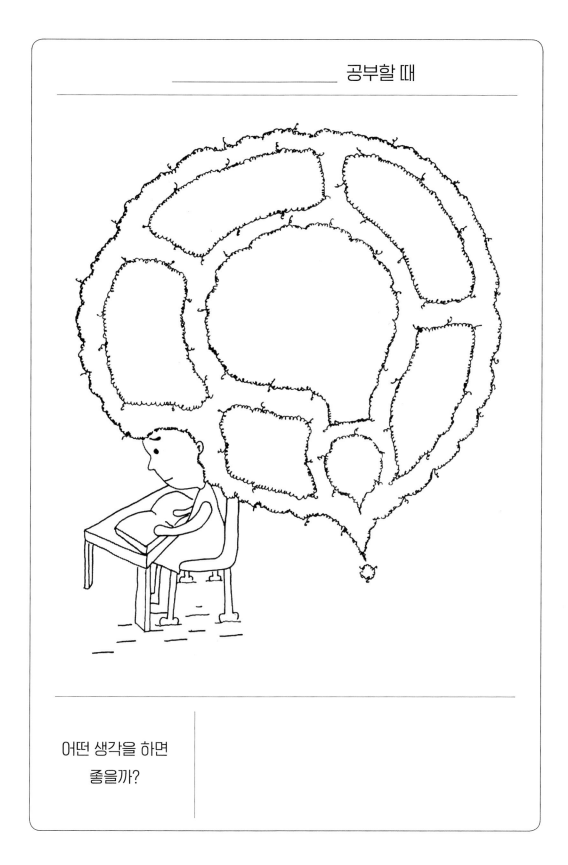

어떤 생각을 하면
좋을까?

_____ 분노할 때

어떤 생각을 하면
좋을까?

어떤 생각을 하면
좋을까?

어떤 생각을 하면
좋을까?

어떤 생각을 하면
좋을까?

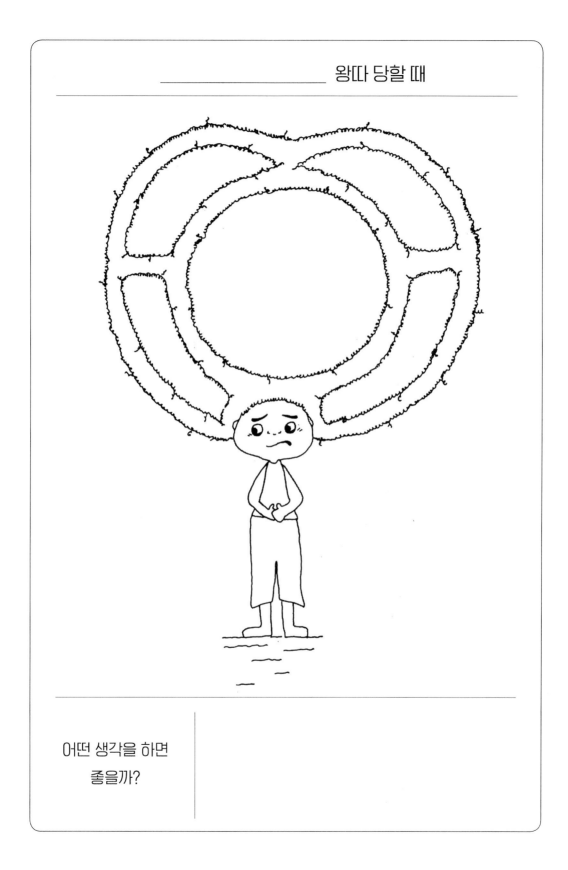

_____ 왕따 당할 때

어떤 생각을 하면
좋을까?

어떤 생각을 하면
좋을까?

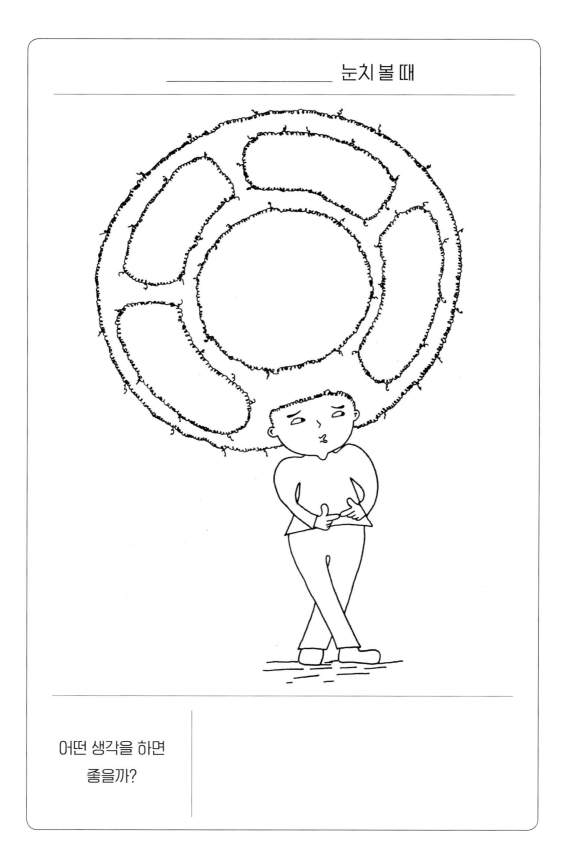

어떤 생각을 하면
좋을까?

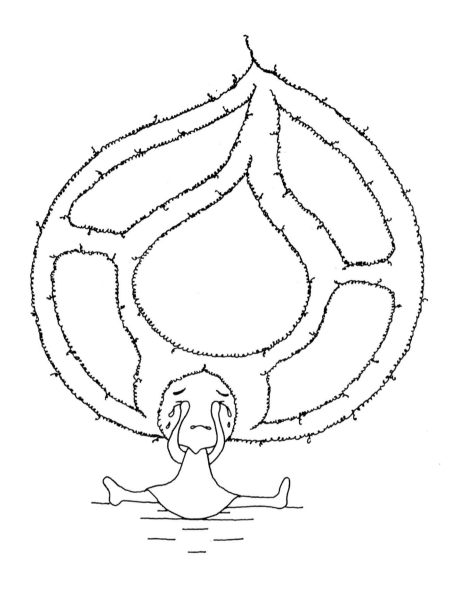

어떤 생각을 하면
좋을까?

어떤 생각을 하면
좋을까?

_____ 멍할 때

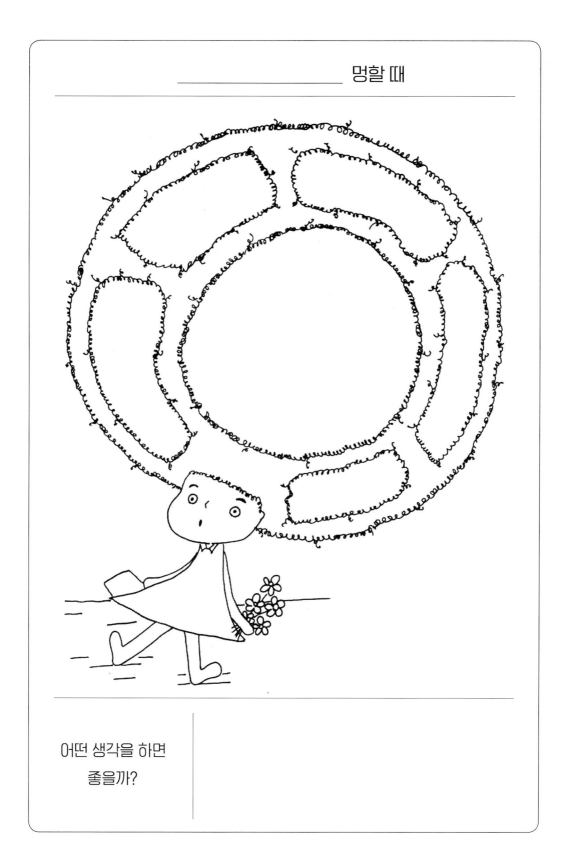

어떤 생각을 하면
좋을까?

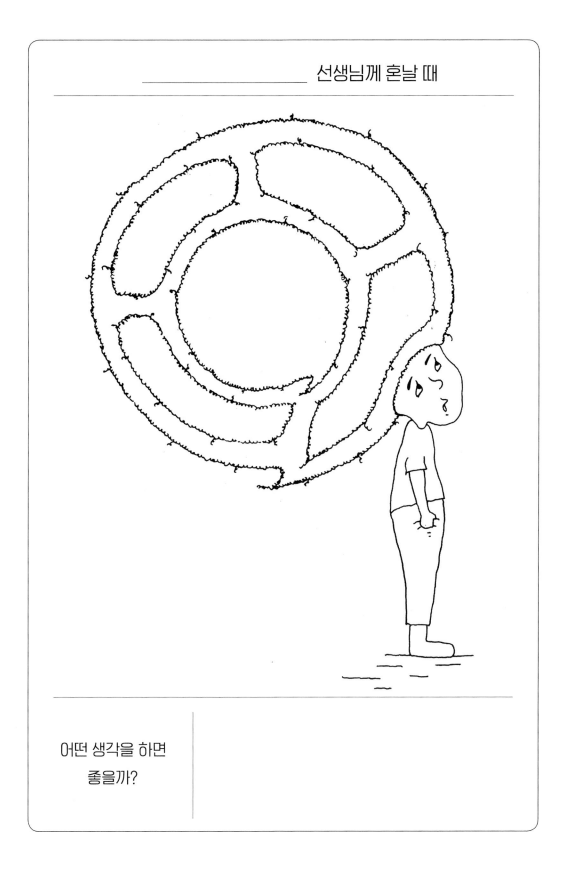

어떤 생각을 하면
좋을까?

어떤 생각을 하면
좋을까?

어떤 생각을 하면
좋을까?

_____ 놀랄 때

어떤 생각을 하면
좋을까?

어떤 생각을 하면
좋을까?

어떤 생각을 하면
좋을까?

어떤 생각을 하면
좋을까?

_____ 밥 먹을 때

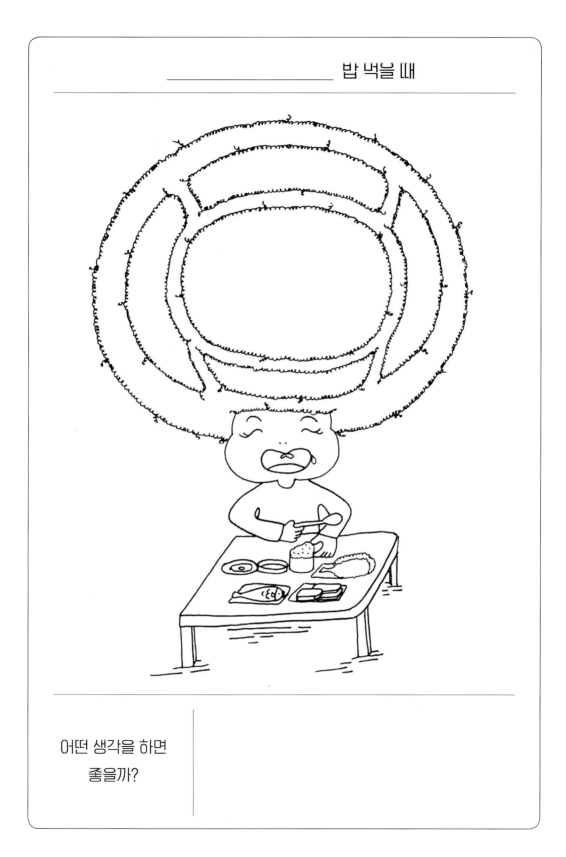

어떤 생각을 하면
좋을까?

어떤 생각을 하면
좋을까?

어떤 생각을 하면
좋을까?

_____ 신날 때

어떤 생각을 하면
좋을까?

어떤 생각을 하면
좋을까?

어떤 생각을 하면
좋을까?

어떤 생각을 하면
좋을까?

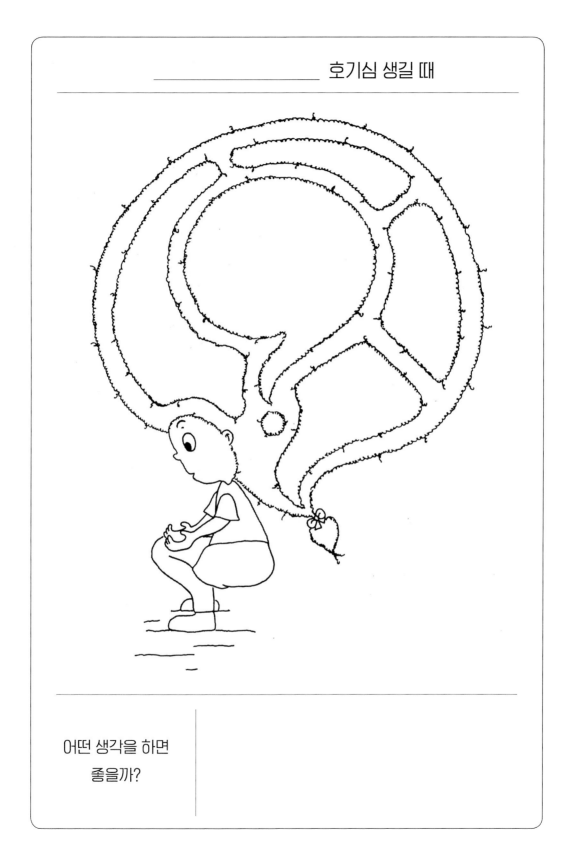

어떤 생각을 하면
좋을까?

어떤 생각을 하면
좋을까?

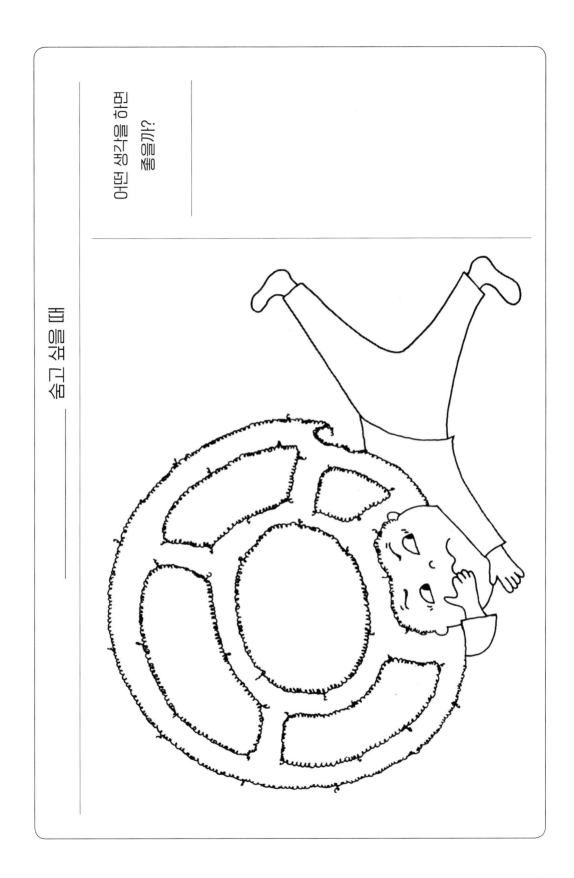

숨고 싶을 때

어떤 생각을 하면 좋을까?

넘어졌을 때

어떤 생각을 하면 좋을까?

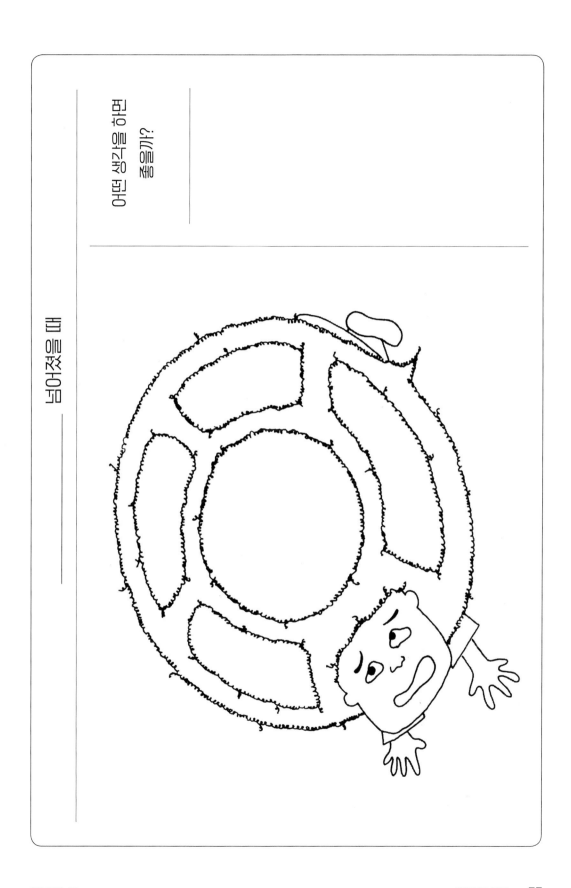

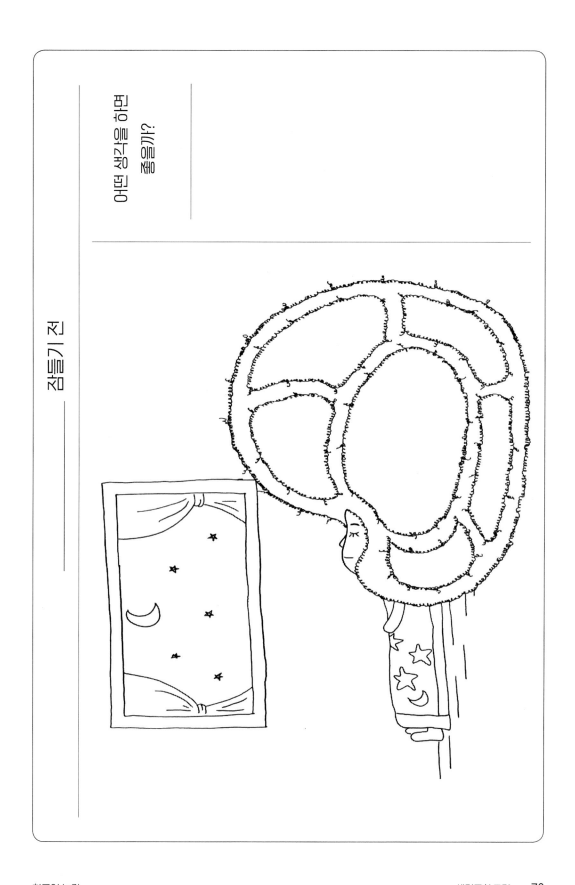

잠들기 전 —

어떤 생각을 하면
좋을까?

참고문헌

- 최선희, 『푸드심리상담치료의 이해와 사례』, 북랩, 2020

- 최선희·김정민, 『내 감정은요?』, 정인디자인출판, 2021

- 오윤선, 『교육심리학』, 창지사, 2017

- 미하이 칙센트미하이, 『몰입, FLOW』, 최인수 옮김, 한울림, 2018

- 김현수, 『공부의 상처』, 에듀니티, 2015

- ALBERT ELLIS·CATHARINE MACLAREN, 『합리적 정서행동치료』, 서수균 옮김, 학지사, 2007